COMMENTAIRE

SUR

LE LIVRE

DES DÉLITS ET DES
PEINES.

COMMENTAIRE

SUR

LE LIVRE

DES DÉLITS ET DES
PEINES,

Par M. de VOLTAIRE.

A GENEVE,

MDCCLXVII.

TABLE
DES CHAPITRES.

I. *Occasion de ce Commentaire.* Page	1
II. *Des Supplices.*	4
III. *Des peines contre les Hérétiques.*	5
IV. *De l'extirpation des hérésies.*	9
V. *Des Profanations.*	12
VI. *Indulgence des Romains sur ces objets.*	17
VII. *Du crime de la Prédication; & d'Antoine.*	20
VIII. *Histoire de Simon Morin.*	23
IX. *Des Sorciers.*	26
X. *De la peine de mort.*	29
XI. *De l'exécution des Arrêts.*	31
XII. *De la Question.*	33
XIII. *De quelques Tribunaux de sang.*	35
XIV. *De la différence des Loix politiques & des Loix naturelles.*	37

Table des Chapitres.

XV. Du crime de haute trahison. De Titus Oates, & de la mort d'Augustin de Thou. Page 40

XVI. De la révélation par la confession. 45

XVII. De la fausse Monnoye. 49

XVIII. Du vol domestique. 50

XIX. Du Suicide. 51

XX. D'une espèce de mutilation. 54

XXI. De la confiscation attachée à tous les délits dont on a parlé. 55

XXII. De la procédure criminelle, & de quelques autres formes. 60

XXIII. Idée de quelque réforme. 64

COMMENTAIRE

SUR

LE LIVRE

DES DE'LITS ET DES PEINES.

§. I.

Occasion de ce Commentaire.

J'Etais plein de la lecture du petit livre des Délits & des Peines, qui est en morale ce que sont en Médecine le peu de remedes dont nos maux pourraient être soulagés. Je me flattais que cet Ouvrage adoucirait ce qui reste de barbare dans la jurisprudence de tant de Nations ; j'espérais quelque réforme dans le genre-humain, lorsqu'on m'apprit qu'on venait de pendre dans une Province, une fille de dix-huit ans belle & bien faite, qui avait des talens utiles, & qui était d'une très-honnête famille.

Elle était coupable de s'être laissé faire un enfant ; elle l'était encore davantage d'avoir abandonné son fruit. Cette fille infortunée fuyant la maison paternelle est surprise des douleurs de l'enfantement, elle est délivrée seule & sans secours auprès d'une fontaine. La honte qui est dans le sexe une passion violente, lui donna assez de force pour revenir à la maison de son pere & pour y cacher son état. Elle laisse son enfant exposé, on le trouve mort le lendemain; la mere est découverte, condamnée à la potence & exécutée.

La première faute de cette fille, ou doit être renfermée dans le secret de sa famille, ou ne mérite que la protection des loix: parce que c'est au séducteur à réparer le mal qu'il a fait, parce que la faiblesse a droit à l'indulgence, parce que tout parle en faveur d'une fille dont la grossesse cachée la met souvent en danger de mort, que cette grossesse connue flétrit sa réputation; & que la difficulté d'élever son enfant est encore un grand malheur de plus.

La seconde faute est plus criminelle; elle abandonne le fruit de sa faiblesse & l'expose à périr.

Mais parce qu'un enfant est mort, faut-il absolument faire mourir la mere? Elle ne l'avait pas tué; elle se flattait que quelque passant prendrait pitié de cette créature innocente; elle pouvait même être dans le dessein d'aller retrouver son enfant & de lui faire donner les secours nécessaires. Ce sentiment est si naturel, qu'on doit le présumer dans le cœur d'une mere. La loi est positive contre la fille dans la province dont je parle. Mais cette loi n'est-elle pas injuste, inhumaine & pernicieuse ? injuste, parce qu'elle n'a pas distingué entre celle qui tue son enfant & celle qui l'abandonne ; inhumaine, en ce qu'elle fait périr cruellement une infortunée à qui on ne peut reprocher que sa faiblesse & son empressement à cacher son malheur ; pernicieuse, en ce qu'elle ravit à la société une citoyenne qui devait donner des sujets à l'état, dans une province où l'on se plaint de la dépopulation.

La charité n'a point encor établie dans ce païs, des maisons secourables, où les enfans exposés soient nourris. Là où la charité manque, la Loi est toujours cruelle. Il valait bien mieux prévenir ces malheurs qui sont assez ordinaires, que se borner à les punir. La véritable jurisprudence est d'empêcher les délits, & non de donner la mort à un sexe faible, quand il est évident que sa faute n'a pas été accompagnée de malice, & qu'elle a couté à son cœur.

Assurez autant que vous le pourrez une ressource à quiconque sera tenté de mal faire, & vous aurez moins à punir.

§. II.

Des Supplices.

Ce malheur, & cette loi si dure, dont j'ai été sensiblement frappé, m'ont fait jetter les yeux sur le Code criminel des nations. L'Auteur humain des Délits & des Peines n'a que trop raison de se plaindre que la punition soit trop souvent au dessus du crime, & quelquefois pernicieuse à l'Etat, dont elle doit faire l'avantage.

Les supplices recherchés dans lesquels on voit que l'esprit humain s'est épuisé à rendre la mort affreuse, semblent plutôt inventés par la tirannie que par la justice.

Le supplice de la roue fut introduit en Allemagne dans les temps d'anarchie, où ceux qui s'emparaient des droits régaliens voulaient épouvanter par l'appareil d'un tourment inouï quiconque oserait attenter contre eux. En Angleterre on ouvrait le ventre d'un homme atteint de haute trahison, on lui arrachait le cœur, on lui en battait les joues, & le cœur était jetté dans les flammes. Mais, quel était souvent ce crime de haute trahison ? C'était dans les guerres civiles d'avoir été fidèle à un Roi malheureux, & quelquefois de s'être expliqué sur le droit douteux du vainqueur. Enfin, les mœurs s'adoucirent, il eſt vrai qu'on a continué d'arracher le cœur, mais c'eſt toujours après la mort du condamné. L'appareil eſt affreux, mais la mort eſt douce, ſi elle peut l'être.

§. III.

Des Peines contre les Hérétiques.

Ce fut ſurtout la tirannie qui la première décerna la peine de mort contre ceux qui différaient de l'Egliſe dominante dans quelques dogmes. Aucun Empereur Chrétien n'avait imaginé avant le tiran Maxime, de condamner un homme au ſupplice, uniquement pour des points de controverſe. Il eſt bien vrai que ce furent deux Evêques Eſpagnols qui pourſuivirent la mort des Priſcilianiſtes auprès de Maxime; mais il n'eſt pas moins vrai que ce tiran voulait plaire au parti dominant en verſant le ſang des hérétiques. La barbarie & la juſtice lui étaient également indifférentes. Jaloux de Théodoſe, Eſpagnol comme lui, il ſe flattait de lui enlever l'Empire d'Orient, comme il avait déjà envahi celui d'Occident. Théodoſe était haï pour ſes cruautés; mais il avait ſçu gagner tous les chefs de la religion. Maxime voulait déployer le même zèle, & attacher les Evêques Eſpagnols à ſa faction. Il flattait également l'ancienne religion & la nouvelle; c'était un homme aussi fourbe qu'inhumain, comme tous ceux qui dans ce temps-là prétendirent ou parvinrent à l'Empire. Cette vaste partie du monde était gouvernée comme l'est Alger aujourd'hui. La milice faisait & défaisait les Empereurs; elle les choisissait très souvent parmi les nations réputées barbares. Théodose lui opposait alors d'autres barbares de la Scythie. Ce fut lui qui remplit les armées de Goths, & qui éleva Alaric le vainqueur de Rome. Dans cette confusion horrible c'était donc à qui fortifierait le plus son parti par tous les moyens possibles.

Maxime venait de faire assassiner à Lyon l'Empereur Gratian collègue de Théodose; il méditait la perte de Valentinien second, nommé successeur de Gratian à Rome dans son enfance. Il assemblait à Trèves une puissante armée, composée de Gaulois & d'Allemands. Il faisait lever des troupes en Espagne, lorsque deux Evêques Espagnols, Idacio & Ithacus ou Itacius, qui avaient alors beaucoup de crédit, vinrent lui demander le sang de Priscilien & de tous ses adhérans, qui disaient que les ames sont des émanations de Dieu, que la Trinité ne contient point trois hipostases; & qui de plus poussaient le sacrilège jusqu'à jeûner le Dimanche.

Maxime, moitié payen, moitié chrétien, sentit bientôt toute l'énormité de ces crimes. Les Saints Evêques Idacio & Itacius, obtinrent qu'on donnât d'abord la queſtion à Priſcilien & à ſes complices avant qu'on les fît mourir ; ils y furent préſents, afin que tout ſe paſſât dans l'ordre ; & s'en retournèrent en béniſſant Dieu, & en plaçant Maxime le défenſeur de la foi au rang des Saints. Mais Maxime ayant été défait par Théodoſe, & enſuite aſſaſſiné aux pieds de ſon vainqueur, il ne fut point canoniſé.

Il faut remarquer que Saint Martin, Evêque de Tours, véritablement homme de bien, ſollicita la grace de Priſcilien ; mais les Evêques l'accuſèrent lui-même d'être hérétique, & il s'en retourna à Tours de peur qu'on ne lui fît donner la queſtion à Trêves.

Quant à Priſcilien, il eut la conſolation, après avoir été pendu, qu'il fut honoré de ſa ſecte comme un martir. On célébra ſa fête, & on le fêteroit encor s'il y avoit des Priſcilianiſtes.

Cet exemple fit frémir toute l'Egliſe ; mais bientôt après il fut imité & ſurpaſſé. On avait fait périr des Priſcilianiſtes par le glaive, par la corde & par la lapidation. Une jeune Dame de qualité ſoupçonnée d'avoir jeûné le Dimanche, n'a-

vait été que lapidée dans Bourdeaux. *
Ces supplices parurent trop légers ; on
prouva que Dieu exigeait que les hérétiques fussent brûlés à petit feu. La raison
péremptoire qu'on en donnait, c'était
que Dieu les punit ainsi dans l'autre monde, & que tout Prince, tout Lieutenant
du Prince, enfin le moindre Magistrat,
est l'image de Dieu dans ce monde-ci.

Ce fut sur ce principe qu'on brûla partout des sorciers qui étaient visiblement
sous l'empire du Diable, & les hétérodoxes qu'on croyait encor plus criminels
& plus dangereux que les sorciers.

On ne sait pas bien précisément quelle
était l'hérésie des chanoines que le Roi
Robert fils de Hugue, & Constance sa
femme, allèrent faire brûler en leur présence à Orléans en 1022. Comment le
saurait-on ? Il n'y avait alors qu'un très-petit nombre de clercs & de moines qui
eussent l'usage de l'écriture. Tout ce qui
est constaté c'est que Robert & sa femme
rassasièrent leurs yeux de ce spectacle abominable. L'un des Sectaires avait été le
Confesseur de Constance ; cette Reine ne
crut pas pouvoir mieux réparer le malheur de s'être confessé à un hérétique,
qu'en le voyant dévorer par les flammes.

* Voyez l'Histoire de l'Eglise.

L'habitude devient loi, & depuis ce temps jusqu'à nos jours, c'est-à-dire pendant plus de sept cens années, on a brûlé ceux qui ont été, ou qui ont paru être souillés du crime d'une opinion erronée.

§. IV.

De l'Extirpation des hérésies.

Il faut, ce me semble, distinguer dans une hérésie l'opinion & la faction. Dès les premiers temps du christianisme les opinions furent partagées. Les chrétiens d'Alexandrie ne pensaient pas sur plusieurs points comme ceux d'Antioche. Les Achaïens étaient opposés aux Asiatiques. Cette diversité a duré dans tous les temps & durera vraisemblablement toujours. Jésus-Christ qui pouvait réunir tous ses fidèles dans le même sentiment, ne l'a pas fait; il est donc à présumer qu'il ne l'a pas voulu, & que son dessein était d'exercer toutes ses Eglises à l'indulgence & à la charité, en leur permettant des sistêmes différents, qui tous se réunissaient à le reconnaître pour leur chef & leur maître. Toutes ces sectes longtemps tolérées par les Empereurs ou cachées à leurs yeux, ne pouvaient se persécuter & se proscrire les unes les autres, puisqu'elles étaient également soumises aux Magistrats Romains; elles ne pouvaient que disputer. Quand les Magistrats les poursuivirent, elles reclamèrent toutes également le droit de la nature, elles dirent, Laissez nous adorer Dieu en paix; ne nous ravissez pas la liberté que vous accordez aux Juifs. Toutes les sectes aujourd'hui peuvent tenir le même discours à ceux qui les oppriment. Elles peuvent dire aux peuples qui ont donné des priviléges aux Juifs, traitez nous comme vous traitez ces enfans de Jacob, laissez nous prier Dieu comme eux selon notre conscience. Notre opinion ne fait pas plus de tort à votre état que n'en fait le Judaïsme. Vous tolérez les ennemis de Jésus-Christ; tolérez nous donc nous qui adorons Jésus-Christ, & qui ne différons de vous que sur des subtilités de théologie; ne vous privez pas vous-mêmes de sujets utiles. Il vous importe qu'ils travaillent à vos manufactures, à votre marine, à la culture de vos terres; & il ne vous importe point qu'ils àyent quelques autres articles de foi que vous. C'est de leurs bras que vous avez besoin, & non de leur catéchisme.

La faction est une chose toute différente. Il arrive toujours, & nécessairement, qu'une secte persecutée dégénère en faction. Les opprimés se réunissent

& s'encouragent. Ils ont plus d'industrie pour fortifier leur parti que la secte dominante n'en a pour l'exterminer. Il faut ou qu'ils soient écrasés ou qu'ils écrasent. C'est ce qui arriva après la persécution excitée en 303 par le César Galérius, les deux dernières années de l'empire de Dioclétien. Les Chrétiens ayant été favorisés par Dioclétien pendant dix-huit années entières, étaient devenus trop nombreux & trop riches pour être exterminés: Ils se donnèrent à Constance Chlore, ils combatirent pour Constantin son fils, & il y eut une révolution entière dans l'Empire.

On peut comparer les petites choses aux grandes, quand c'est le même esprit qui les dirige. Une pareille révolution est arrivée en Hollande, en Ecosse, en Suisse. Quand Ferdinand & Isabelle chassèrent d'Espagne les juifs qui y étaient établis, non seulement avant la Maison régnante, mais avant les Maures & les Goths, & même avant les Carthaginois; les Juifs auraient fait une révolution en Espagne, s'ils avaient été aussi guerriers que riches, & s'ils avaient pu s'entendre avec les Arabes.

En un mot, jamais secte n'a changé le gouvernement que quand le desespoir lui a fourni des armes. Mahomet lui-même n'a réussi que pour avoir été chassé de la

Méque, & parce qu'on y avait mis sa tête à prix.

Voulez-vous donc empêcher qu'une secte ne bouleverse un Etat, usez de tolérance, imitez la sage conduite que tiennent aujourd'hui l'Allemagne, l'Angleterre, la Hollande. Il n'y a d'autre parti à prendre en politique avec une secte nouvelle, que de faire mourir sans pitié les chefs & les adhérens, hommes, femmes, enfans sans en excepter un seul, ou de les tolérer quand la secte est nombreuse. Le premier parti est d'un monstre, le second est d'un sage.

Enchaînez à l'Etat tous les sujets de l'Etat par leur intérêt ; que le Quaker & le Turc trouvent leur avantage à vivre sous vos loix. La religion est de Dieu à l'homme ; la loi civile est de vous à vos peuples.

§. V.

Des Profanations.

Louis IX. Roi de France, placé par ses vertus au rang des Saints, fit d'abord une loi contre les blasphémateurs. Il les condamnait à un supplice nouveau ; on leur perçait la langue avec un fer ardent. C'était une espèce de Talion ; le membre qui avait péché en souffrait la peine.

Mais il était fort difficile de décider ce qui est un blasphême. Il échape dans la colere ou dans la joie, ou dans la simple conversation, des expressions qui ne sont à proprement parler que des explétives, comme le *Sela* & le *Vah* des Hébreux, le *Pol* & l'*Ædepol* des Latins, & comme le *per Deos immortales*, dont on se servait à tout propos, sans faire réellement un serment par les Dieux immortels.

Ces mots qu'on appelle jurements, blasphêmes, sont communément des termes vagues qu'on interprête arbitrairement: la loi qui les punit semble prise de celle des Juifs qui dit, *tu ne prendras point le nom de Dieu en vain*. Les plus habiles interprêtes croyent que cette loi défend le parjure; & ils ont d'autant plus raison, que le mot *Shavé*, qu'on a traduit par *en vain*, signifie proprement le parjure. Or quel rapport le parjure peut-il avoir avec ces mots *Cabo de dios*, *Cadedis*, *Sangbleu*, *Ventrebleu*, *Corpo di Dio*.

Les Juifs juraient par la vie de Dieu, *vivit Dominus*. C'était une formule ordinaire. Il n'était donc défendu que de mentir au nom de Dieu qu'on attestait.

Philippe Auguste en 1181. avait condamné les nobles de son domaine qui prononceraient les mots qu'on adoucit par *Tête-bleu*, *ventre-bleu*, *corbleu*, *sangbleu*, à payer une amende,

& les roturiers à être noyés. La première partie de cette ordonnance parût puérile, la seconde était abominable. C'était outrager la nature que de noier des citoyens pour la même faute que les nobles expiaient pour deux ou trois sous de ce temps-là. Aussi cette étrange loi resta sans exécution comme tant d'autres, surtout quand le Roi fut excommunié & son Royaume mis en interdit par le Pape Célestin III.

Saint Louis transporté de zèle ordonna indifféremment qu'on perçât la langue, ou qu'on coupât la lèvre supérieure à quiconque aurait prononcé ces termes indécents. Il en couta la langue à un gros bourgeois de Paris, qui s'en plaignit au Pape Innocent IV. Ce Pontife remontra fortement au Roi que la peine était trop forte pour le délit. Le Roi s'abstint désormais de cette sévérité. Il eût été heureux pour la société humaine que les Papes n'eussent jamais affecté d'autre supériorité sur les Rois.

L'ordonnance de Louis XIV. de l'année 1656. statue:

,, Que ceux qui seront convaincus
,, d'avoir juré & blasphêmé le saint nom
,, de Dieu, de sa très sainte Mere ou
,, de ses Saints, seront condamnés pour
,, la premiere fois à une amende, pour
,, la seconde, tierce & quatrième fois,

„ à une amende double, triple & quadru-
„ pule; pour la cinquième fois au pilori
„ & auront la lèvre supérieure coupée;
„ & la septième fois auront la langue cou-
„ pée tout juste".

Cette loi paraît sage & humaine; elle n'inflige une peine cruelle qu'après sept rechutes qui ne sont pas présumables.

Mais pour des profanations plus grandes qu'on appelle sacrilèges, l'ordonnance criminelle ne parle que du vol fait dans les églises; elle ne s'explique pas sur les impiétés publiques, soit qu'elle n'ait pas prévu de telles démences, soit qu'il fut trop difficile de les spécifier. Il est donc réservé à la prudence des juges de punir ce délit. Cependant la justice ne doit rien avoir d'arbitraire.

Dans un cas aussi rare, que doivent faire les juges? consulter l'âge des délinquants, la nature de leur faute, le degré de leur méchanceté, de leur scandale, de leur obstination, le besoin que le public peut avoir ou n'avoir pas d'une punition terrible. *Pro qualitate personæ proque rei conditione & temporis & ætatis, & sexus, vel clementius statuendum.** Si la loi n'ordonne point expressément la mort pour ce délit, quel juge se croira obligé de la prononcer? S'il faut une peine, si la loi se tait, le Juge doit sans difficulté pronon-

* Titre 13 *Ad Legem Juliam.*

cer la peine la plus douce parce qu'il est homme.

Les profanations sacrilèges ne sont jamais commises que par de jeunes débauchés. Les punirez-vous aussi sévérement que s'ils avaient tué leurs frères ? leur âge plaide en leur faveur. Ils ne peuvent disposer de leurs biens, parce qu'ils ne sont point supposés avoir assez de maturité dans l'esprit pour voir les conséquences d'un mauvais marché ; ils n'en ont donc pas eu assez pour voir la conséquence de leur emportement impie.

Traiterez-vous un jeune dissolu qui dans son aveuglement aura profané une image sacrée sans la voler, comme vous avez traité la Brinvilliers qui avait empoisonné son pere & sa famille ? il n'y a point de loi expresse contre ce malheureux, & vous en feriez une pour le livrer au plus grand supplice ! il mérite un châtiment exemplaire, mais mérite-t-il des tourments qui effraient la nature, & une mort épouvantable ?

Il a offensé Dieu ! oui, sans doute, & très gravement. Usez-en avec lui comme Dieu même. S'il fait pénitence, Dieu lui pardonne. Imposez-lui une pénitence forte, & pardonnez lui.

Votre illustre Montesquieu a dit : *il faut honorer la Divinité & non la venger* ; pesons ses

ſes paroles; elles ne ſignifient pas qu'on doive abandonner le maintien de l'ordre public; elles ſignifient, comme le dit le judicieux Auteur des Délits & des Peines, qu'il eſt abſurde qu'un inſecte croye venger l'Etre ſuprême: ni un Juge de village, ni un Juge de ville ne ſont des Moïſe & des Joſué.

§ VI.

Indulgence des Romains ſur ces objets.

D'un bout de l'Europe à l'autre, le ſujet de la converſation des honnêtes gens inſtruits, roule ſouvent ſur cette différence prodigieuſe entre les loix Romaines, & tant d'uſages barbares qui leur ont ſuccédé, comme les immondices d'une ville ſuperbe qui couvrent ces ruines.

Certes le Sénat Romain avait un auſſi profond reſpect que nous pour le Dieu ſuprême; & autant pour les Dieux immortels & ſécondaires, dépendants de leur maître éternel, que nous en montrons pour nos Saints. *Ab Jove principium,* était la formule ordinaire (*). Pline dans le Panégirique du bon Trajan commence

---

(*) *Bene ac ſapienter patres conſcripti majores inſtituerunt ut rerum agendarum ita dicendi initium a precationibus cepere &c.*

B

par attester que les Romains ne manquèrent jamais d'invoquer Dieu en commençant leurs affaires ou leurs discours. Cicéron, Tite-Live l'attestent. Nul peuple ne fut plus religieux; mais aussi il était trop sage & trop grand pour descendre à punir des vains discours, ou des opinions philosophiques. Il était incapable d'infliger des supplices barbares à ceux qui doutaient des augures, comme Cicéron, Augure lui-même, en doutait, ni à ceux qui disaient en plein Sénat comme César, que les Dieux ne punissent point les hommes après la mort.

On a cent fois remarqué que le Sénat permit que sur le théatre de Rome, le chœur chantât dans la Troade.

Il n'est rien après le trépas, & le trépas n'est rien. Tu demandes en quel lieu sont les morts? au même lieu où ils étaient avant de naître.

S'il y eut jamais des profanations en voilà sans doute; & depuis Ennius jusqu'à Ausone tout est profanation, malgré le respect pour le culte. Pourquoi donc le Sénat Romain ne les réprimait-il pas? c'est qu'elles n'influaient en rien sur le gouvernement de l'Etat, c'est qu'elles ne troublerent aucune institution, aucune cérémonie religieuse. Les Romains n'en eurent pas moins une excellente police, & ils n'en furent pas moins les maîtres absolus de la plus belle partie du monde jufqu'à Théodofe fecond.

La maxime du Sénat, comme on l'a dit ailleurs, était, *Deorum offenfæ Diis curæ*: les offenfes contre les Dieux ne regardent que les Dieux. Les Sénateurs étant à la tête de la religion, par l'inftitution la plus fage, n'avaient point à craindre qu'un collège de prêtres les forçât à fervir fa vengeance fous prétexte de venger le Ciel. Ils ne difaient point, déchirons les impies de peur de paffer pour impies nous-mêmes. Prouvons aux prêtres que nous fommes auffi religieux qu'eux en étant cruels.

Notre religion eft plus fainte que celle des anciens Romains. L'impiété parmi nous eft un plus grand crime que chez eux. Dieu la punira; c'eft aux hommes à punir ce qu'il y a de criminel dans le défordre public que cette impiété a caufé. Or fi dans une impiété, il ne s'eft pas volé un mouchoir, fi perfonne n'a reçu la moindre injure, fi les rits religieux n'ont pas été troublés, punirons-nous (il faut le dire encore) cette impiété comme un parricide? La Maréchale d'Ancre avait fait tuer un coq blanc dans la pleine lune: fallait-il pour cela brûler la Maréchale d'Ancre?

Eft modus in rebus, funt certi denique fines.
Nec fcutica dignum horribili feétere flagello.

§ VII.

Du crime de la Prédication; & d'Antoine.

Un Prédicant Calviniste qui vient prêcher secrettement ses ouailles dans certaines provinces, est puni de mort, s'il est découvert; * & ceux qui lui ont donné à souper & à coucher sont envoyés aux galères perpétuelles.

Dans d'autres païs un Jésuite qui vient prêcher est pendu. Est-ce Dieu qu'on a voulu venger en faisant pendre ce Prédicant & ce Jésuite ? S'est-on des deux côtés appuyé sur cette loi de l'Evangile: *quiconque n'écoute point l'assemblée soit traité comme un Payen & comme un receveur des deniers publics.* Mais l'Evangile n'ordonna pas qu'on tuât ce payen & ce receveur.

S'est-on fondé sur ces paroles du Deuteronome ? † *S'il s'élève un prophète, ... & que ce qu'il a prédit arrive, ... & qu'il vous dise, suivons des Dieux étrangers.... Et si votre frere, ou votre fils, ou votre chere femme, ou l'ami de votre cœur vous dit, allons, servons des Dieux étrangers. ... tuez-le aussitôt, frappez le premier, & tout le peuple après vous.* Mais ni ce Jésuite ni

---

* Edits de 1724, & antérieurs.
† Ch. 23.

ce Calviniste ne vous ont dit: allons, suivons des Dieux étrangers.

Le Conseiller Du Bourg, le Chanoine Jehan Chauvin dit Calvin, le Médecin Servet Espagnol, le Calabrois Gentilis, servaient le même Dieu. Cependant le Président Minard fit bruler le Conseiller Du Bourg, & les amis de Du Bourg firent assassiner Minard; & Jehan Calvin fit bruler le Médecin Servet à petit feu, & eut la consolation de contribuer beaucoup à faire trancher la tête au Calabrois Gentilis; & les successeurs de Jehan Calvin firent brûler Antoine. Est-ce la raison, la piété, la justice qui ont commis tous ces meurtres?

L'histoire d'Antoine est une des plus singulières dont le souvenir se soit conservé dans les annales de la démence. Voici ce que j'en ai lû dans un manuscrit très curieux, & qui est rapporté en partie par Jacob Spon. Antoine était né à Brieu en Lorraine, de père & de mère catholiques, & avait étudié à Pont-à-Mousson chez les Jésuites. Le prédicant *Féri* l'engagea dans la religion protestante à Metz. Etant retourné à Nancy, on lui fit son procès comme à un hérétique; & si un ami ne l'avait fait sauver, il allait périr par la corde. Réfugié à Sédan, on le soupçonna d'être papiste, & on voulut l'assassiner.

Voyant par quelle étrange fatalité ſa vie n'était en ſureté ni chez les Proteſtans ni chez les Catholiques, il alla ſe faire Juif à Veniſe. Il ſe perſuada très ſincérement, & il ſoutint juſqu'au dernier moment de ſa vie, que la religion Juive était la ſeule véritable, & que puiſqu'elle l'avait été autrefois, elle devait l'être toujours. Les Juifs ne le circoncirent point, de peur de ſe faire des affaires avec le Magiſtrat; mais il n'en fut pas moins Juif intérieurement. Il n'en fit nulle profeſſion ouverte; & même étant allé à Genève en qualité de prédicant, il y fut premier régent du collège, & enfin il devint ce qu'on appelle Miniſtre.

Le combat perpétuel qui s'excitait dans ſon cœur entre la ſecte de Calvin qu'il était obligé de prêcher & la religion moſaïque à laquelle ſeule il croyait, le rendit longtems malade. Il tomba dans une mélancolie & dans une manie cruelle; troublé par ſes douleurs, il s'écria qu'il était Juif. Des Miniſtres vinrent le viſiter & tâcherent de le faire rentrer en lui-même; il leur répondit qu'il n'adorait que le Dieu d'Iſraël; qu'il était impoſſible que Dieu changeât; que Dieu ne pouvait avoir donné lui-même & gravé de ſa main une loi pour l'abolir. Il parla contre le chriſtianiſme, enſuite il ſe dédit: il écrivit une profeſſion de foi pour échapper à la condamnation ; mais après l'avoir écrite, la malheureuse perfuasion où il était, ne lui permit pas de la figner. Le Confeil de la ville affembla les prédicans pour favoir ce qu'il devait faire de cet infortuné. Le petit nombre de ces prêtres opina qu'on devait avoir pitié de lui, qu'il fallait plutôt tâcher de guérir fa maladie du cerveau que la punir. Le plus grand nombre décida qu'il méritait d'être brulé, & il le fut. Cette avanture eft de 1632. * Il faut cent ans de raifon & de vertu pour expier un pareil jugement.

§ VIII.

Hiftoire de Simon Morin.

La fin tragique de Simon Morin n'effraie pas moins que celle d'Antoine. Ce fut au milieu des fêtes d'une Cour brillante, parmi les amours & les plaifirs, ce fut même dans le tems de la plus grande licence, que ce malheureux fut brulé à Paris en 1663. C'était un infenfé qui croyait avoir eu des vifions, & qui pouffa la folie jufqu'à fe croire envoyé de Dieu, & à fe dire incorporé à Jéfus-Chrift.

* *Jacob Spon*, page 500. & *Gui Vances*.

Le Parlement le condamna très sagement à être enfermé aux petites maisons. Ce qui est extrêmement singulier, c'est qu'il y avait alors dans le même hôpital, un autre fou qui se disait le Père éternel, de qui même la démence a passé en proverbe. Simon Morin fut si frappé de la folie de son compagnon, qu'il reconnut la sienne. Il parut rentrer pour quelque tems dans son bon sens; il exposa son repentir, & malheureusement pour lui il obtint son élargissement.

Quelque temps après il retomba dans ses accès; il dogmatisa. Sa mauvaise destinée voulut qu'il fit connaissance avec St. Sorlin Desmarêts, qui fut pendant plusieurs mois son ami, mais qui bientôt par jalousie de métier devint son plus cruel persécuteur.

Ce Desmarêts n'était pas moins visionnaire que Morin: ses premières inepties furent à la vérité innocentes; c'étaient les Tragi-comédies d'Erigone & de Mirame imprimées avec une traduction des Pseaumes; c'étaient le roman d'Ariane & le poëme de Clovis à côté de l'office de la Vierge mis en vers; c'étaient des poësies Ditirambiques enrichies d'invectives contre Homère & Virgile. De cette espèce de folie il passa à une autre plus sérieuse; on le vit s'acharner contre Port-

Royal ; & après avoir avoué qu'il avait engagé des femmes dans l'athéïsme, il s'érigea en prophête. Il prétendit que Dieu lui avait donné de sa main la clef du tréfor de l'Apocalipfe, qu'avec cette clef il ferait une réforme de tout le genre humain, & qu'il allait commander une armée de cent quarante mille hommes contre les Janfénistes.

Rien n'eût été plus raifonnable & plus juste que de le mettre dans la même loge que Simon Morin : mais pourra-t-on s'imaginer qu'il trouva beaucoup de crédit auprès du Jéfuite Annat Confeffeur du Roi? Il perfuada que ce pauvre Simon Morin établiffait une fecte prefque auffi dangereufe que le Janfénifme même, & enfin ayant porté l'infamie jufqu'à fe rendre délateur, il obtint du Lieutenant criminel un decret de prife de corps contre fon malheureux rival. Ofera-t-on le dire ? Simon Morin fut condamné à être brulé vif.

Lors qu'on allait le conduire au fupplice, on trouva dans un de fes bas un papier dans lequel il demandait pardon à Dieu de toutes fes erreurs; cela devait le fauver; mais la fentence était confirmée, il fut exécuté fans miféricorde.

De telles avantures font dreffer les cheveux. Et dans quel pays n'a-t-on pas vu des événemens aussi déplorables ? Les hommes oublient partout qu'ils sont frères, & ils se persécutent jusqu'à la mort. Il faut se flatter pour la consolation du genre humain que ces temps horribles ne reviendront plus.

§ IX.

Des Sorciers.

En 1748. on brula une vieille femme dans l'Évêché de Vurtzbourg, convaincue d'être sorcière. C'est un grand phénomène dans le siècle où nous sommes. Mais est-il possible que des peuples qui se vantaient d'être réformés, & de fouler aux pieds les superstitions, qui pensaient enfin avoir perfectionné leur raison ayent pourtant cru aux sortilèges, ayent fait bruler de pauvres femmes accusées d'être sorcières, & cela plus de cent années après la prétendue réforme de leur raison ?

Dans l'année 1652. une paysanne du petit territoire de Genève, nommée Michelle Chaudron, rencontra le Diable en sortant de la ville. Le Diable lui donna un baiser, reçut son hommage, & imprima sur sa lèvre supérieure & à son téton droit la marque qu'il a coutume d'appliquer à toutes les personnes qu'il reconnaît pour ses favorites. Ce sceau du Diable est un petit seing qui rend la peau insensible, comme l'affirment tous les Jurisconsultes Démonographes de ce temps-là.

Le Diable ordonna à Michelle Chaudron d'ensorceler deux filles. Elle obéit à son Seigneur ponctuellement. Les parents des filles l'accusèrent juridiquement de Diablerie. Les filles furent interrogées & confrontées avec la coupable. Elles attestèrent qu'elles sentaient continuellement une fourmilière dans des parties de leur corps, & qu'elles étaient possédées. On appella les médecins, ou du moins ceux qui passaient alors pour médecins. Ils visitèrent les filles. Ils cherchèrent sur le corps de Michelle le sceau du Diable, que le procès verbal appelle les *marques sataniques*. Ils y enfoncèrent une longue aiguille, ce qui était déja une torture douloureuse. Il en sortit du sang, & Michelle fit connaître par ses cris que les marques sataniques ne rendent point insensibles. Les juges ne voyant pas de preuve complette que Michelle Chaudron fût sorcière, lui firent donner la question, qui produit infailliblement ces preuves: cette malheureuse cédant à la violence des tourments, confessa enfin tout ce qu'on voulut.

Les médecins cherchèrent encore la marque satanique. Ils la trouvèrent à un petit seing noir sur une de ses cuisses. Ils y enfoncèrent l'aiguille. Les tourmens de la question avaient été si horribles que cette pauvre créature expirante sentit à peine l'aiguille ; elle ne cria point : ainsi le crime fut avéré. Mais comme les mœurs commençaient à s'adoucir, elle ne fut brulée qu'après avoir été pendue & étranglée.

Tous les tribunaux de l'Europe chrétienne retentissaient alors de pareils arrêts. Les buchers étaient allumés partout pour les sorciers comme pour les hérétiques. Ce qu'on reprochait le plus aux Turcs, c'était de n'avoir ni sorciers ni possédés parmi eux. On regardait cette privation de possédés comme une marque infaillible de la fausseté d'une religion.

Un homme zélé pour le bien public, pour l'humanité, pour la vraye religion, a publié dans un de ses écrits en faveur de l'innocence, que les tribunaux chrétiens ont condamné à la mort plus de cent mille prétendus sorciers. Si on joint à ces massacres juridiques, le nombre infiniment supérieur d'hérétiques immolés, cette partie du monde ne paraîtrait qu'un vaste échaffaut couvert de bourreaux & de victimes, entouré de juges, de Sbires, & de spectateurs.

X.

De la Peine de Mort.

On a dit il y a longtems qu'un homme pendu n'eſt bon à rien, & que les ſupplices inventés pour le bien de la ſociété doivent être utiles à cette ſociété. Il eſt évident que vingt voleurs vigoureux condamnés à travailler aux ouvrages publics toute leur vie, ſervent l'Etat par leur ſupplice, & que leur mort ne fait de bien qu'au bourreau que l'on paye pour tuer les hommes en public. Rarement les voleurs ſont-ils punis de mort en Angleterre; on les tranſporte dans les colonies. Il en eſt de même dans les vaſtes Etats de la Ruſſie: on n'a exécuté aucun criminel ſous l'empire de l'Autocratrice Eliſabeth. Catherine II qui lui a ſuccédé avec un génie très ſupérieur, ſuit la même maxime. Les crimes ne ſe ſont point multipliés par cette humanité, & il arrive presque toujours que les coupables relégués en Sibérie y deviennent gens de bien. On remarque la même choſe dans les Colonies Angfaiſes. Ce changement heureux nous étonne, mais rien n'eſt plus naturel. Ces condamnés ſont forcés à un travail continuel pour vivre. Les occaſions du vice leur manquent: ils ſe marient, ils peuplent. Forcez les hommes au travail, vous les rendez honnêtes gens. On fait aſſez que ce n'eſt pas à la campagne que ſe commettent les grands crimes, excepté peut-être quand il y a trop de fêtes, qui forcent l'homme à l'oiſiveté & le concouſſent à la debauche.

On ne condamnait un citoyen Romain à mourir que pour des crimes qui intéreſſaient le ſalut de l'Etat. Nos maîtres, nos premiers législateurs ont reſpecté le ſang de leurs compatriotes ; nous prodiguons celui des nôtres.

On a longtemps agité cette queſtion délicate & funeſte, s'il eſt permis aux Juges de punir de mort quand la loi ne prononce pas expreſſément le dernier ſupplice. Cette difficulté fut ſolemnellement débattue devant l'Empereur Henri VII. Il jugea (*) & décida qu'aucun juge ne peut avoir ce droit.

Il y a des affaires criminelles, ou ſi imprévues, ou ſi compliquées, ou accompagnées de circonſtances ſi bizares, que la loi elle-même a été forcée dans plus d'un pays d'abandonner ces cas ſinguliers à la prudence des Juges. Mais s'il ſe trouve en effet une cauſe dans laquelle la loi permette de faire mourir un accuſé qu'elle n'a pas condamné, il ſe trouvera mille cauſes dans leſquelles l'humanité

(*) Bodin *de Republica* liv. III. chap. 5.

plus forte que la loi, doit épargner la vie de ceux que la loi elle-même a dévoué à la mort.

L'épée de la justice est entre nos mains; mais nous devons plus souvent l'émousser que la rendre plus tranchante. On la porte dans son fourreau devant les Rois, c'est pour nous avertir de la tirer rarement.

On a vu des Juges qui aimaient à faire couler le sang; tel était Jeffrei en Angleterre; tel était en France un homme à qui l'on donna le surnom de *coupe-tête*. De tels hommes n'étaient pas nés pour la magistrature; la nature les fit pour être bourreaux.

§ XI.

De l'exécution des Arrêts.

Faut-il aller au bout de la terre, faut-il recourir aux loix de la Chine, pour voir combien le sang des hommes doit être ménagé? Il y a plus de quatre mille ans que les tribunaux de cet Empire existent, & il y a aussi plus de quatre mille ans qu'on n'exécute pas un villageois à l'extrémité de l'empire, sans envoyer son procès à l'Empereur, qui le fait examiner trois fois par un de ses tribunaux; après quoi il signe l'arrêt de mort, ou de de changement de peine, ou de grace entiere (*).

Ne cherchons pas des exemples si loin, l'Europe en est pleine. Aucun criminel en Angleterre n'est exécuté que le Roi n'ait signé la sentence: il en est ainsi en Allemagne & dans presque tout le Nord. Tel était autrefois l'usage de la France, tel il doit être chez toutes les Nations policées. La cabale, le préjugé, l'ignorance peuvent dicter des sentences loin du trône. Ces petites intrigues ignorées à la Cour ne peuvent faire impression sur elle: les grands objets l'environnent. Le Conseil suprême est plus accoutumé aux affaires, & plus au dessus du préjugé; l'habitude de

_____

(*) L'Auteur de l'Esprit des Loix, qui a semé tant de belles vérités dans son ouvrage, paraît s'être cruellement trompé, quand pour étayer son principe que le sentiment vague de l'honneur est le fondement des Monarchies, & que la vertu est le fondement des Républiques, il dit des Chinois: ,, J'ignore ce que c'est que ,, cet honneur chez des peuples à qui on ne fait ,, rien faire qu'à coups de bâton ''. Certainement de ce qu'on écarte la populace avec le pantsé, & de ce qu'on donne des coups de pantsé aux gueux insolens & fripons, il ne s'en suit pas que la Chine ne soit gouvernée par des tribunaux, qui veillent les uns sur les autres, & que ce ne soit une excellente forme de Gouvernement.

de voir tout en grand l'a rendu moins ignorant & plus sage ; il voit mieux qu'une injustice subalterne de province si le corps de l'Etat a besoin ou non d'exemples sévères. Enfin quand la justice inférieure a jugé sur la lettre de la Loi qui peut être rigoureuse, le Conseil mitige l'arrêt, suivant l'esprit de toute loi, qui est de n'immoler les hommes que dans une nécessité évidente.

§ XII.

De la Question.

Tous les hommes étant exposés aux attentats de la violence ou de la perfidie, détestent les crimes dont ils peuvent être les victimes. Tous se réunissent à vouloir la punition des principaux coupables & de leurs complices ; & tous cependant, par une pitié que Dieu a mise dans nos cœurs, s'élèvent contre les tortures qu'on fait souffrir aux accusés dont on veut arracher l'aveu. La loi ne les a pas encor condamnés, & on leur inflige, dans l'incertitude où l'on est de leur crime, un supplice beaucoup plus affreux que la mort qu'on leur donne quand on est certain qu'ils la méritent. Quoi ! j'ignore encor si tu es coupable, & il faudra que je te tourmente pour m'éclairer ? & si tu es

C

innocent, je n'expierai point envers toi ces mille morts que je t'ai fait souffrir au lieu d'une seule que je te préparais! Chacun frissonne à cette idée. Je ne dirai point ici que S. Augustin s'élève contre la question dans sa cité de Dieu. Je ne dirai point qu'à Rome on ne la faisait subir qu'aux esclaves, & que cependant Quintilien se souvenant que les esclaves sont hommes, réprouve cette barbarie.

Quand il n'y aurait qu'une Nation sur la terre qui eût aboli l'usage de la torture, s'il n'y a pas plus de crimes chez cette nation que chez une autre, si d'ailleurs elle est plus éclairée, plus florissante depuis cette abolition, son exemple suffit au reste du monde entier. Que l'Angleterre seule instruise les autres peuples; mais elle n'est pas la seule; la torture est proscrite dans d'autres Royaumes, & avec succès. Tout est donc decidé. Des peuples qui se piquent d'être polis, ne se piqueront-ils pas d'être humains? s'obstineront-ils dans une pratique inhumaine, sur le seul prétexte qu'elle est d'usage? Reservez au moins cette cruauté pour des scélérats avérés qui auront assassiné un père de famille ou le père de la patrie; recherchez leurs complices: mais qu'une jeune personne qui aura commis quelques fautes qui ne laissent aucunes traces après elles, subisse la même torture qu'un parricide, n'est-ce pas une barbarie inutile ? J'ai honte d'avoir parlé sur ces sujets après ce qu'en a dit l'auteur des délits & des peines. Je dois me borner à souhaiter qu'on relise souvent l'ouvrage de cet amateur de l'humanité.

§ XIII.

De quelques Tribunaux de sang.

Croirait-on qu'il y ait eu autrefois un Tribunal suprême plus horrible que l'Inquisition, & que ce Tribunal ait été établi par Charlemagne ? C'était le jugement de Westphalie, autrement appelé la Cour Vhémique. La sévérité ou plutôt la cruauté de cette Cour allait jusqu'à punir de mort tout Saxon qui avait rompu le jeûne en Carême. La même loi fut établie en Flandres & en Franche Comté au commencement du 17e. siecle.

Les Archives d'un petit coin de pays appellé S. Claude, dans les plus affreux rochers de la Comté de Bourgogne, conservent la sentence & le procès verbal d'exécution d'un pauvre gentilhomme nommé Claude Guillon, auquel on trancha la tête le 28 Juillet 1629. Il était réduit à la misère & pressé d'une faim dévorante. Il mangea un jour maigre un morceau d'un cheval qu'on avait tué dans un pré voisin. Voilà son crime. Il fut condamné comme un sacrilège. S'il eût été riche & qu'il eût fait servir à souper pour deux cents écus de marée, en laissant mourir de faim les pauvres, il aurait été regardé comme un homme qui remplissait tous ses devoirs. Voici le prononcé de la sentence du Juge.

„ Nous après avoir vu toutes les piè-
„ ces du procès & ouï l'avis des Docteurs
„ en droit, déclarons ledit Claude Guil-
„ lon duement atteint & convaincu d'a-
„ voir emporté de la viande d'un cheval
„ tué dans le pré de cette ville, d'avoir
„ fait cuire la viande le 31 Mars, jour de
„ Samedi, & d'en avoir mangé", &c.

Quels Docteurs que ces Docteurs en droit qui donnèrent leur avis! est-ce chez les Topinamboux & les Hottentots que ces avantures sont arrivées?

La Cour Vhémique était bien plus horrible; elle déléguait sécrettement des Commissaires; qui allaient sans être connus dans toutes les villes d'Allemagne, prenaient des informations sans les denoncer aux accusés, les jugeaient sans les entendre: & souvent quand ils manquaient de boureaux, le plus jeune des juges en faisait l'office, & pendait lui-même (*) le condamné. Il

(*) Voyez l'excellent Abrégé de l'histoire Chronologique d'Allemagne & de droit public sous l'année 803.

fallut pour se soustraire aux assassinats de cette Chambre obtenir des lettres d'exemption, de sauve gardes des Empereurs, encor furent-elles souvent inutiles. Cette cour de meurtriers, ne fut pleinement dissoute que par Maximilien premier; elle aurait dû l'être dans le sang des Juges; le tribunal des dix à Venise était en comparaison un institut de miséricorde.

Que penser de ces horreurs & de tant d'autres? est-ce assez de gémir sur la nature humaine? il y eut des cas où il fallut la venger.

§ XIV.

De la différence des Loix politiques & des Loix naturelles.

J'appelle Loix naturelles celles que la Nature indique dans tous les temps, à tous les hommes, pour le maintien de cette justice que la nature (quoiqu'on en dise) a gravée dans nos cœurs. Par-tout le vol, la violence, l'homicide, l'ingratitude envers les parens bienfaiteurs, le parjure commis pour nuire & non pour secourir un innocent, la conspiration contre sa patrie, sont des délits évidens plus ou moins séverement réprimés, mais toujours justement.

J'appelle Loix politiques, ces Loix faites selon le besoin présent, soit pour affermir la puissance, soit pour prévenir des malheurs. On craint que l'ennemi ne reçoive des nouvelles d'une ville, on ferme les portes, on défend de s'échapper par les remparts sous peine de mort.

On redoute une secte nouvelle qui se parant en public de son obéissance aux Souverains, cabale en secret pour se soustraire à cette obéissance; qui prêche que tous les hommes sont égaux pour les soumettre également à ses nouveaux rites; qui enfin sous prétexte qu'il vaut mieux obéir à Dieu qu'aux hommes, & que la secte dominante est chargée de superstition & de cérémonies ridicules, veut détruire ce qui est consacré par l'état; on statue la peine de mort contre ceux qui en dogmatisant publiquement en faveur de cette secte peuvent porter le peuple à la révolte.

Deux ambitieux disputent un trône, le plus fort l'emporte, il décerne peine de mort contre les partisans du plus faible. Les juges deviennent les instrumens de la veangeance du nouveau Souverain & les appuis de son autorité. Quiconque était en relation sous Hugues Capet avec Charles de Lorraine, risquait d'être condamné à la mort s'il n'était puissant.

Lorsque Richard second meurtrier de ses deux Neveux eut été reconnu Roi, d'Angleterre, le grand jury fit écarteler le chevalier Guillaume Collinburn coupable d'avoir écrit à un ami du comte de Richemond, qui levait alors des troupes & qui régna depuis sous le nom de Henri sept ; on trouva deux lignes de sa main qui étaient d'un ridicule grossier, elles suffirent pour faire périr ce chevalier par un affreux supplice. Les histoires sont pleines de pareils exemples de justice.

Le droit de représailles est encor une de ces loix reçues des nations. Votre ennemi a fait pendre un de vos braves Capitaines, qui a tenu quelque tems dans un petit château ruiné contre une armée entiere. Un de ses Capitaines tombe entre vos mains. C'est un homme vertueux que vous estimez & que vous aimez. Vous le pendez par représailles. C'est la loi, dites-vous. C'est-à-dire, que si votre ennemi s'est souillé d'un crime énorme, il faut que vous en commettiez un autre.

Toutes ces loix d'une politique sanguinaire n'ont qu'un temps, & l'on voit bien que ce ne sont pas de véritables Loix, puisqu'elles sont passagères. Elles ressemblent à la nécessité où l'on s'est trouvé quelquefois dans une extrême famine de manger des hommes. On ne les mange plus dès qu'on a du pain.

§ XV.

Du crime de haute trahison. De Titus Oates, & de la mort d'Augustin de Thou.

On appelle haute trahison un attentat contre la patrie ou contre le Souverain qui la représente. Il est regardé comme un parricide: donc on ne doit pas l'étendre jusqu'aux délits qui n'approchent pas du parricide. Car si vous traitez de haute trahison un vol dans une maison de l'état, une concussion, ou même des paroles séditieuses, vous diminuez l'horreur que le crime de haute trahison ou de lèze majesté doit inspirer.

Il ne faut pas qu'il y ait rien d'arbitraire dans l'idée qu'on se forme des grands crimes. Si vous mettez un vol fait à un père par son fils, une imprécation d'un fils contre son père dans le rang des parricides, vous brisez les liens de l'amour filial. Le fils ne regardera plus son père que comme un maître terrible. Tout ce qui est outré dans les Loix tend à la destruction des Loix.

Dans les crimes ordinaires la Loi d'Angleterre est favorable à l'accusé; mais dans ceux de haute trahison, elle lui est contraire. Le Jésuite Titus Oates ayant été juridiquement interrogé dans la chambre des communes, & ayant assuré par serment qu'il n'avait plus rien à dire, accusa cependant ensuite le secrétaire du Duc d'York depuis Jacques second, & plusieurs autres personnes, de haute trahison, & sa délation fût reçue: il jura d'abord devant le conseil du Roi qu'il n'avait point vu ce secrétaire, & ensuite il jura qu'il l'avait vu. Malgré ces illégalités & ces contradictions, le secrétaire fut exécuté.

Ce même Oates & un autre témoin déposèrent que cinquante Jésuites avaient complotté d'assassiner le Roi Charles second, & qu'ils avaient vu des commissions du Père Oliva, général des Jésuites, pour les officiers qui devaient commander une armée de rebelles: Ces deux témoins suffirent pour faire arracher le cœur à plusieurs accusés & leur en battre les joues. Mais en bonne foi est-ce assez de deux témoins pour faire périr ceux qu'ils veulent perdre? Il faut au moins que ces deux délateurs ne soient pas des fripons avérés. Il faut encor qu'ils ne déposent pas des choses improbables.

Il est bien évident que si les deux plus intègres Magistrats du Royaume accusaient un homme d'avoir conspiré avec le muphti pour circoncire tout le Conseil d'Etat, le Parlement, la Chambre des comptes, l'Archevêque & la Sorbonne; en vain ces deux Magistrats juraient qu'ils ont vu les lettres du Muphi; on croirait plutôt qu'ils font devenus fous, qu'on n'aurait de foi à leur déposition. Il était tout aussi extravagant de supposer que le général des Jésuites levait une armée en Angleterre, qu'il le serait de croire que le muphti envoye circoncire la cour de France. Cependant on eut le malheur de croire Titus Oates, afin qu'il n'y eût aucune sorte de folie atroce qui ne fût entrée dans la tête des hommes.

Les Loix d'Angleterre ne regardent pas comme coupables d'une conspiration, ceux qui en sont instruits & qui ne la revèlent pas. Ils ont supposé que le délateur est aussi infame que le conspirateur est coupable. En France ceux qui savent une conspiration & ne la dénoncent pas, sont punis de mort. Louis XI. contre lequel on conspirait souvent, porta cette loi terrible. Un Louis XII, un Henri IV. ne l'eût jamais imaginée.

Cette loi non seulement force un homme de bien à être délateur d'un crime qu'il pourrait prévenir par de sages conseils & par sa fermeté, mais elle l'expose encor à être puni comme calomniateur, parce qu'il est très aisé que les conjurés prennent tellement leurs mesures qu'il ne puisse les convaincre.

Ce fut précisément le cas du respectable Augustin de Thou, Conseiller d'Etat, fils du seul bon Historien dont la France pouvait se vanter, égal à Guichardin par ses lumières & supérieur peut-être par son impartialité.

La conspiration était tramée beaucoup plus contre le Cardinal de Richelieu que contre Louis XIII. Il ne s'agissait point de livrer la France à des ennemis; car le frère du Roi, principal auteur de ce complot, ne pouvait avoir pour but de livrer un Royaume dont il se regardait encor comme l'héritier présomptif, ne voyant entre le trône & lui qu'un frère aîné mourant & deux enfans au berceau.

De Thou n'était coupable ni devant Dieu, ni devant les hommes. Un des agens de Monsieur, frère unique du Roi, du Duc de Bouillon Prince souverain de Sédan, & du grand écuyer d'Effiat St. Mars, avait communiqué de bouche le plan du complot au Conseiller d'état. Celui-ci alla trouver le grand écuyer St. Mars, & fit ce qu'il put pour le détourner de cette entreprise; il lui en remontra les difficultés. S'il eût alors dénoncé les conspirateurs, il n'avait aucune preuve contre eux; il eût été accablé par la dénégation de l'héritier préfomptif de la Couronne, par celle d'un Prince fouverain, par celle du favori du Roi, enfin par l'exécration publique. Il s'expofait à être puni comme un lâche calomniateur.

Le Chancelier Séguier même en convint, en confrontant de Thou avec le grand Ecuier. Ce fut dans cette confrontation que de Thou dit à St. Mars ces propres paroles mentionnées au procès verbal: *Souvenez vous, Monfieur, qu'il ne s'eft point paffé de journée que je ne vous aye parlé de ce traité pour vous en diffuader.* St. Mars reconnut cette vérité. De Thou méritait donc une récompenfe plutôt que la mort au tribunal de l'équité humaine. Il méritait au moins que le Cardinal de Richelieu l'épargnât; mais l'humanité n'était pas fa vertu. C'eft bien ici le cas de quelque chofe de plus que *fummum jus fumma injuria*. L'arrêt de mort de cet homme de bien porte, *pour avoir eu connaiffance & participation des dites confpirations.* Il ne dit point, pour ne les avoir pas révélées. Il femble que le crime foit d'être inftruit d'un crime, & qu'on foit digne de mort pour avoir des yeux & des oreilles.

Tout ce qu'on peut dire peut-être d'un tel arrêt, c'eft qu'il ne fut pas rendu par justice, mais par des commissaires. La lettre de la loi était précise. C'est non seulement aux jurisconsultes, mais à tous les hommes, de prononcer si l'esprit de la loi ne fut pas perverti. C'est une triste contradiction qu'un petit nombre d'hommes fasse périr comme criminel celui que toute une nation juge innocent, & digne d'estime.

§ XVI.

De la révélation par la confession.

Jaurigny & Baltazar Gerard, assassins du Prince d'Orange Guillaume Ier., le Dominicain Jacques Clément, Chatel, Ravaillac & tous les autres parricides de ce tems-là se confessèrent avant de commettre leurs crimes. Le fanatisme dans ces siècles déplorables était parvenu à un tel excès, que la confession n'était qu'un engagement de plus à consommer leur scélératesse : elle devenait sacrée par cette raison que la confession est un sacrement.

Strada dit lui-même que Jaurigni *non ante facinus aggredi sustinuit quam expiatam nexis animam apud Dominicanum sacerdotem cælesti pane firmaverit.* Jaurigni n'osa entreprendre cette action sans avoir fortifié par le pain céleste son ame purgée par la confession aux pieds d'un Dominicain.

On voit dans l'interrogatoire de Ravaillac que ce malheureux sortant des Feuillants & voulant entrer chez les Jésuites, s'était adressé au Jésuite d'Aubigni; qu'après lui avoir parlé de plusieurs apparitions qu'il avait eues, il montra à ce Jésuite un couteau sur la lame duquel un cœur & une croix étaient gravés, & qu'il dit ces propres mots au Jésuite: *Ce cœur indique que le cœur du Roi doit être porté à faire la guerre aux huguenots.*

Peut-être si ce d'Aubigni avait eu assez de zèle & de prudence pour faire instruire le Roi de ces paroles, peut-être s'il avait dépeint l'homme qui les avait prononcées, le meilleur des Rois n'aurait pas été assassiné.

Le vingtiéme Auguste, ou Aoust, l'année 1610, trois mois après la mort de Henri IV. dont les blessures saignaient dans le cœur de tous les Français, l'Avocat Général Servin, dont la mémoire est encor illustre, requit qu'on fit signer aux Jésuites les quatre articles suivants.

1º. Que le Concile est au-dessus du Pape.

2º. Que le Pape ne peut priver le Roi d'aucun de ses droits par l'excommunication.

3o. Que les Ecclésiastiques sont entiérement soumis au Roi comme les autres.

4°. Qu'un prêtre qui fait par la confession une conspiration contre le Roi & l'Etat doit la révéler aux Magistrats.

Le 22ᵉ. Le Parlement rendit un arrêt par lequel il défendait aux Jésuites d'enseigner la jeunesse avant d'avoir signé ces quatre articles. Mais la Cour de Rome était alors si puissante, & celle de France si faible, que cet arrêt fut inutile.

Un fait qui mérite d'être observé, c'est que cette même cour de Rome, qui ne voulait pas qu'on révélât la confession, quand il s'agirait de la vie des Souverains, obligeait les Confesseurs à dénoncer aux Inquisiteurs ceux que leurs pénitentes accusaient en confession de les avoir séduites & d'avoir abusé d'elles. Paul IV., Pie IV., Clément VIII., Grégoire XV. ordonnèrent ces révélations. C'était un piège bien embarrassant pour les Confesseurs & pour les pénitentes. C'était faire d'un sacrement un greffe de délations & même de sacrilèges. Car par les anciens canons, & surtout par le Concile de Latran tenu sous Innocent III., tout prêtre qui révèle une confession de quelque nature que ce puisse être, doit être interdit & condamné à une prison perpétuelle.

Mais il y a bien pis; voilà quatre Papes au 16e. & 17e. siècles qui ordonnent la révélation d'un péché d'impureté, & qui ne permettent pas celle d'un parricide. Une femme avoue ou suppose dans le sacrement devant un Carme qu'un Cordelier l'a séduite; le Carme doit dénoncer le Cordelier. Un assassin fanatique croyant servir Dieu en tuant son Prince, vient consulter un confesseur sur ce cas de conscience ; le confesseur devient sacrilège s'il sauve la vie à son Souverain.

Cette contradiction absurde & horrible est une suite malheureuse de l'opposition continuelle qui règne depuis tant de siècles entre les loix Ecclésiastiques & les loix Civiles. Le Citoyen se trouve pressé dans cent occasions entre le sacrilège & le crime de haute trahison; & les règles du bien & du mal sont ensevelies dans un cahos dont on ne les a pas encor tirées.

La confession de ses fautes a été autorisée de tout tems chez presque toutes les nations. On s'accusait dans les mystères d'Orphée, d'Isis, de Cérès, de Samothrace. Les Juifs faisaient l'aveu de leurs péchés le jour de l'expiation solemnelle, & ils sont encor dans cet usage. Un pénitent choisit son confesseur qui devient son pénitent à son tour, & chacun l'un après l'autre reçoit de son compagnon trente neuf coups de fouet pendant qu'il récite trois fois la formule de confession qui ne consiste qu'en treize mots, & qui par conséquent n'articule rien de particulier.

Aucune de ces confessions n'entra jamais dans les détails, aucune ne servit de prétexte à ces consultations secrettes que ces pénitens fanatiques ont faites quelquefois pour avoir droit de pécher impunément, méthode pernicieuse qui corrompt une institution salutaire. La confession qui était le plus grand frein des crimes est souvent devenue, dans des tems de séduction & de trouble, un encouragement au crime même ; & c'est probablement pour toutes ces raisons que tant de sociétés chrétiennes ont aboli une pratique sainte qui leur a paru aussi dangereuse qu'utile.

§ XVII.

De la fausse Monnoie.

Le crime de faire la fausse monnoie est regardé comme haute trahison au second chef, & avec justice : c'est trahir l'Etat que voler tous les particuliers de l'Etat.

D

On demande si un négociant qui fait venir des lingots d'Amérique & qui les convertit chez lui en bonne monnoye, est coupable de haute trahison, & s'il mérite la mort. Dans presque tous les Royaumes on le condamne au dernier supplice; il n'a pourtant volé personne, au contraire, il a fait le bien de l'Etat en lui procurant une plus grande circulation d'espèces : mais il s'est arrogé le droit du Souverain, il le vole en s'attribuant le petit bénéfice que le Roi fait sur les monnoyes. Il a fabriqué de bonnes espèces, mais il expose ses imitateurs à la tentation d'en faire de mauvaises. C'est beaucoup que la mort. J'ai connu un Jurisconsulte qui voulait qu'on condamnât ce coupable comme un homme habile & utile, à travailler à la monnoye du Roi les fers aux pieds.

§ XVIII.

Du vol domestique.

Dans les pays où un petit vol domestique est puni par la mort, ce chatiment disproportionné n'est-il pas très dangereux à la société ? n'est-il pas une invitation même au larcin ? car s'il arrive qu'un maître livre son serviteur à la justice pour un vol léger, & qu'on ôte la vie à ce malheureux, tout le voisinage a ce maître en horreur; on sent alors que la nature est en contradiction avec la loi, & que par conséquent la loi ne vaut rien.

Qu'arrive-il donc? les maîtres volés ne voulant pas se couvrir d'opprobre, se contentent de chasser leurs domestiques, qui vont voler ailleurs, & qui s'accoutument au brigandage. La peine de mort étant la même pour un petit larcin que pour un vol considérable, il est évident qu'ils chercheront à voler beaucoup. Ils pourront même devenir assassins quand ils croiront que c'est un moyen de n'être pas découverts.

Mais si la peine est proportionnée au délit, si le voleur domestique est condamné à travailler aux ouvrages publics, alors le maître le dénoncera sans scrupule; il n'y aura plus de honte attachée à la dénonciation, le vol sera moins fréquent. Tout prouve cette grande vérité, qu'une loi rigoureuse produit quelquefois les crimes.

§ XIX.

Du Suicide.

Le fameux Du Verger de Hauranné Abbé de St. Cyran, regardé comme le fondateur du Port-Royal, écrivit vers l'an 1608. un traité fur le Suicide (*), qui est devenu un des livres les plus rares de l'Europe.

„ Le Décalogue, dit-il, ordonne de
„ ne point tuer. L'homicide de foi-mê-
„ me ne semble pas moins compris dans
„ ce précepte que le meurtre du prochain.
„ Or s'il est des cas où il est permis de
„ tuer son prochain, il est aussi des cas
„ où il est permis de se tuer soi-mê-
„ me ".

„ On ne doit attenter sur sa vie qu'a-
„ près avoir consulté la raison. L'autori-
„ té publique qui tient la place de Dieu
„ peut disposer de notre vie. La raison
„ de l'homme peut aussi tenir lieu de rai-
„ son de Dieu, c'est un rayon de la lu-
„ mière éternelle ".

St. Cyran étend beaucoup cet argument, qu'on peut prendre pour un pur sophisme. Mais quand il vient à l'explication & aux détails, il est plus difficile de lui répondre. „ On peut, dit-il, se
„ tuer pour le bien de son Prince, pour
„ celui de sa patrie, pour celui de ses pa-
„ rents ".

On ne voit pas en effet qu'on puisse condamner les Codrus & les Curtius. Il n'y a point de Souverain qui osât punir la fa-

(*) Il fut imprimé in-12 à Paris. chez Toussaint du Brai en 1609. avec privilège du Roi: il doit être dans la Bibliotheque de S. M.

mille d'un homme qui se seroit dévoué pour lui ; que dis-je ? il n'en est point qui osât ne la pas récompenser. St. Thomas avant St. Cyran avait dit la même chose. Mais on n'a besoin ni de Thomas, ni de Bonaventure, ni de Hauranne, pour savoir qu'un homme qui meurt pour sa patrie est digne de nos éloges.

L'Abbé de St. Cyran conclut qu'il est permis de faire pour soi-même ce qu'il est beau de faire pour un autre. On sçait assez tout ce qui est allégué dans Plutarque, dans Sénèque, dans Montagne & dans cent autres philosophes en faveur du Suicide. C'est un lieu commun épuisé. Je ne prétends point ici faire l'apologie d'une action que les loix condamnent ; mais ni l'ancien testament ni le nouveau n'ont jamais défendu à l'homme de sortir de la vie quand il ne peut plus la supporter. Aucune loi Romaine n'a condamné le meurtre de soi-même. Au contraire, voici la loi de l'Empereur Marc Antonin qui ne fut jamais révoquée.

„ (*) Si votre père ou votre frère
„ n'étant prévenu d'aucun crime se tue
„ ou pour se soustraire aux douleurs ou
„ par ennui de la vie ou par désespoir
„ ou par démence, que son testament

(*) Ier Cod. de bonis eorum qui sibi mortem leg. 3. ff. eod.

„ soit valable ou que ses héritiers succè-
„ dent par inteſtat ".

Malgré cette loi humaine de nos maîtres, nous traînons encor sur la claye, nous traversons d'un pieu le cadavre d'un homme qui eſt mort volontairement, nous rendons ſa mémoire infâme. Nous deshonorons ſa famille autant qu'il eſt en nous. Nous puniſſons le fils d'avoir perdu ſon père, & la veuve d'être privée de ſon mari. On confiſque même le bien du mort; ce qui eſt en effet ravir le patrimoine des vivants auxquels il appartient. Cette coutume comme pluſieurs autres eſt dérivée de notre droit canon, qui prive de la ſépulture ceux qui meurent d'une mort volontaire. On conclut de là qu'on ne peut hériter d'un homme qui eſt cenſé n'avoir point d'héritage au Ciel. Le droit canon au titre *de pœnitentiâ* aſſure que Judas commit un plus grand péché en s'étranglant qu'en vendant notre Seigneur Jéſus-Chriſt.

§ XX.

D'une eſpèce de Mutilation.

On trouve dans le digeſte une loi d'Adrian (*) qui dénonce peine de mort

(*) *Ad legem Corneliam de ſicariis.*

contre les médecins qui font des eunuques, soit en leur arrachant les testicules, soit en les froissant. On confisquait aussi par cette loi les biens de ceux qui se faisaient ainsi mutiler. On aurait pu punir Origene qui se soumit à cette opération, ayant interprété rigoureusement ce passage de St. Matthieu ; *Il en est qui se sont châtrés eux-mêmes pour le Royaume des cieux.*

Les choses changèrent sous les Empereurs suivants, qui adoptèrent le luxe Asiatique, & surtout dans le bas Empire de Constantinople, où l'on vit des eunuques devenir patriarches & commander des armées.

Aujourd'hui à Rome l'usage est qu'on châtre les enfans pour les rendre dignes d'être musiciens du Pape, de sorte que *Castrato* & *musico del Papa*, sont devenus sinonimes. Il n'y a pas longtems qu'on voyait à Naples en gros caractères au-dessus de la porte de certains barbiers, *qui si castrano maravigliosamente i puti.*

§ XXI.

De la Confiscation attachée à tous les délits dont on a parlé.

C'est une maxime reçue au barreau,

qui confisque le corps confisque les biens, maxime en vigueur dans les pays où la coutume tient lieu de loi. Ainsi, comme nous venons de le dire, on y fait mourir de faim les enfans de ceux qui ont terminé volontairement leurs tristes jours, comme les enfans des meurtriers. Ainsi une famille entière est punie dans tous les cas pour la faute d'un seul homme.

Ainsi, lorsqu'un père de famille aura été condamné aux galères perpétuelles par une sentence arbitraire (*), soit pour avoir donné retraite chez soi à un prédicant, soit pour avoir écouté son sermon dans quelque caverne, ou dans quelque désert, la femme & les enfans sont réduits à mendier leur pain.

Cette jurisprudence qui consiste à ravir la nourriture aux orphelins, & à donner à un homme le bien d'autrui, fut inconnue dans tous les temps de la République Romaine. Sylla l'introduisit dans ses proscriptions. Il faut avouer qu'une rapine inventée par Sylla n'était pas un exemple à suivre. Aussi cette loi qui semblait n'être dictée que par l'inhumanité & l'avarice, ne fut suivie ni par César, ni par le bon Empereur Trajan, ni par les Antonins,

(*) Voyez l'Edit de 1724. 14 Mai, publié à la sollicitation du Cardinal Fleury & revu par lui.

dont toutes les nations prononcent encore le nom avec respect & avec amour. Enfin, sous Justinien la confiscation n'eut lieu que pour le crime de Lèze Majesté.

Il semble que dans les temps de l'anarchie féodale les Princes & les Seigneurs des terres étant très peu riches cherchassent a augmenter leur trésor par les condamnations de leurs sujets, & qu'on voulut leur faire un revenu du crime. Les Loix chez eux étant arbitraires, & la jurisprudence des Romains ignorée, les coutumes ou bizarres ou cruelles prévalurent. Mais aujourd'hui que la puissance des Souverains est fondée sur des richesses immenses & assurées, leur trésor n'a pas besoin de s'enfler des faibles débris d'une famille malheureuse. Ils sont abandonnés pour l'ordinaire au premier qui les demande. Mais est-ce à un citoyen à s'engraisser des restes du sang d'un autre citoyen ?

La confiscation n'est point admise dans les pays où le droit Romain est établi, excepté le ressort du Parlement de Toulouse. Elle ne l'est point dans quelques pays coutumiers, comme le Bourbonnais, le Berri, le Maine, le Poitou, la Bretagne, ou au moins elle respecte les immeubles. Elle était établie autrefois à Calais, & les Anglais l'abolirent lorsqu'ils en furent les maîtres. Il est assez étrange que les habitans de la capitale vivent fous une loi plus rigoureufe que ceux des petites villes: tant il eſt vrai que la jurisprudence a été ſouvent établie au hazard, ſans régularité, ſans uniformité, comme on bâtit des chaumiéres dans un village.

Qui croirait que l'an 1673, dans le plus beau ſiècle de la France, l'Avocat Général Omer Talon ait parlé ainſi en plein Parlement au ſujet d'une Demoiſelle de Canillac? (*)

„ Au chap. 13. du Deuteronome, Dieu
„ dit, Si tu te rencontres dans une ville,
„ & dans un lieu où règne l'idolatrie,
„ mets tout au fil de l'épée, ſans excep-
„ tion d'âge, de ſexe ni de condition.
„ Raſſemble dans les places publiques
„ toutes les dépouilles de la ville, brule
„ la toute entière avec ſes dépouilles, &
„ qu'il ne reſte qu'un monceau de cen-
„ dres de ce lieu d'abomination. En un
„ mot, fais en un ſacrifice au Seigneur,
„ & qu'il ne demeure rien en tes mains
„ des biens de cet anathême.

„ Ainſi, dans le crime de Lèze Maje-
„ ſté le Roi était maître des biens, & les
„ enfans en étaient privés. Le procès
„ ayant été fait à Naboth *quia maledixerat*
„ *Regi*, le Roi Achab ſe mit en poſſeſſion
„ de ſon héritage. David étant averti

(*) Journal du Palais Tom I. p. 444.

„ que Miphibozeth s'était engagé dans
„ la rebellion, donna tous fes biens à
„ Siba qui lui en apporta la nouvelle:
„ *tua fint omnia quæ fuerunt Miphibo-*
„ *zeth* ".

Il s'agit de favoir qui héritera des biens de Mlle. De Canillac, biens autrefois confifqués fur fon père, abandonnés par le Roi à un garde du tréfor royal, & donnés enfuite par le garde du tréfor royal à la teftatrice. Et c'eft fur ce procès d'une fille d'Auvergne qu'un Avocat général s'en rapporte à Achab Roi d'une partie de la Paleftine, qui confifqua la vigne de Naboth, après avoir affaffiné le propriétaire par le poignard de la juftice ; action abominable qui eft paffée en proverbe, pour infpirer aux hommes l'horreur de l'ufurpation. Affurément la vigne de Naboth n'avait aucun raport avec l'héritage de Madlle. De Canillac. Le meurtre & la confifcation des biens de Miphibozeth, petit-fils du Roi Saül, & fils de Jonathas ami & protecteur de David, n'ont pas une plus grande affinité avec le teftament de cette demoifelle.

C'eft avec cette pédanterie, avec cette démence de citations étrangères au fujet, avec cette ignorance des premiers principes de la nature humaine, avec ces préjugés mal conçus & mal appliqués, que la jurifprudence a été traitée par des hommes qui ont eu de la réputation dans leur sphere. On laisse aux lecteurs à se dire ce qu'il est superflu qu'on leur dise.

§ XXII.

De la procédure criminelle, & de quelques autres formes.

Si un jour des loix humaines adoucissent en France quelques usages trop rigoureux, sans pourtant donner des facilités au crime; il est à croire qu'on réformera aussi la procédure dans les articles où les redacteurs ont paru se livrer à un zèle trop sévère. L'ordonnance criminelle en plusieurs points semble n'avoir été dirigée qu'à la perte des accusés. C'est la seule loi qui soit uniforme dans tout le Royaume ; ne devrait-elle pas être aussi favorable à l'innocent que terrible au coupable ? En Angleterre un simple emprisonnement fait mal à propos est réparé par le Ministre qui l'a ordonné. Mais en France l'innocent qui a été plongé dans les cachots, qui a été appliqué à la torture, n'a nulle consolation à espérer, nul dommage à répéter contre personne. Il reste flétri pour jamais dans la société. L'innocent flétri! & pourquoi, parce qu'il a été disloqué! il ne devrait exciter que la pitié & le respect. La recherche des crimes exige des rigueurs: c'est une guerre que la justice humaine fait à la méchanceté: mais il y a de la générosité & de la compassion jusques dans la guerre. Le brave est compatissant; faudrait-il que l'homme de loi fût barbare?

Comparons seulement ici en quelques points, la procédure criminelle des Romains avec la nôtre.

Chez les Romains les témoins étaient entendus publiquement en présence de l'accusé, qui pouvait leur répondre, les interroger lui-même, ou leur mettre en tête un avocat. Cette procédure était noble & franche, elle respirait la magnanimité Romaine.

Chez nous tout se fait secrettement. Un seul Juge avec son Greffier entend chaque témoin l'un après l'autre. Cette pratique établie par François Ier. fut autorisée par les commissaires qui rédigèrent l'ordonnance de Louis XIV. en 1670. Une méprise seule en fut la cause.

On s'était imaginé en lisant le Code *de Testibus*, que ces mots (*), *testes intrare judicii secretum*, signifiaient que les témoins étaient interrogés en secret. Mais *secretum* signifie ici le cabinet du Juge. *Intrare secretum*, pour dire, parler secret-

(*) Voyez Bornier titre 6, article 11, des informations.

tement, ne ferait pas latin. Ce fut un folécifme qui fit cette partie de notre jurisprudence.

Les dépofants font pour l'ordinaire des gens de la lie du peuple, & à qui le Juge enfermé avec eux peut faire dire tout ce qu'il voudra. Ces témoins font entendus une feconde fois toûjours en fecret, ce qui s'appelle récolement. Et fi après ce récolement ils fe retractent dans leurs difpofitions, ou s'ils les changent dans des circonftances effentielles, ils font punis comme faux témoins. De forte que lorfqu'un homme d'un efprit fimple, & ne fachant pas s'exprimer, mais ayant le cœur droit, & fe fouvenant qu'il en a dit trop ou trop peu, qu'il a mal entendu le Juge, ou que le Juge l'a mal entendu, révoque ce qu'il a dit par un principe de juftice, il eft puni comme un fcélerat, & il eft forcé fouvent de foutenir un faux témoignage par la feule crainte d'être traité en faux témoin.

La loi femble obliger le Magiftrat à fe conduire envers l'accufé plutôt en ennemi qu'en Juge. Ce Juge eft le maître d'ordonner (*) la confrontation du prévenu avec le témoin, ou de l'omettre. Comment une chofe auffi néceffaire que la confrontation peut-elle être arbitraire?

(*) *Et fi befoin eft confrontez*, dit l'ordonnance de 1670. art. 1er. titre 15.

S'il s'agit d'un crime, le prévenu ne peut avoir d'avocat, alors il prend le parti de la fuite : c'eſt ce que toutes les maximes du barreau lui conſeillent : mais en fuiant il peut être condamné, ſoit que le crime ait été prouvé, ſoit qu'il ne l'ait pas été. Choſe étrange! un homme à qui on demande quelque argent n'eſt condamné par défaut qu'au cas que la dette ſoit avérée ; mais s'il eſt queſtion de ſa vie, on peut le condamner par défaut quand le crime n'eſt pas conſtaté. Quoi donc! la Loi aurait fait plus de cas de l'argent que de la vie ! O Juges ! conſultez le pieux Antonin & le bon Trajan, ils défendent que les abſens ſoient (*) condamnés.

Quoi ! votre Loi permet qu'un concuſſionnaire, un banqueroutier frauduleux, ait recours au miniſtère d'un Avocat, & très ſouvent un homme d'honneur eſt privé de ce ſecours ! S'il peut ſe trouver une ſeule occaſion où un innocent ſerait juſtifié par le miniſtère d'un Avocat, n'eſt-il pas clair que la loi qui l'en prive eſt injuſte ?

Le Parlement de Toulouſe a un uſage bien ſingulier dans les preuves par témoins. On admet ailleurs des demi-preuves qui au fond ne ſont que des doutes ;

(*) Digeſte loi Iere titre *de abſentibus* & l. 5. *tit. de pœnis.*

car on fait qu'il n'y a point de demi-vérités. Mais à Toulouse on admet des quarts & des huitiémes de preuves. On y peut regarder, par exemple, un ouï dire comme un quart; un autre ouï dire plus vague comme un huitiéme; de sorte que huit rumeurs qui ne font qu'un écho d'un bruit mal fondé, peuvent devenir une preuve complette; & c'est à peu près sur ce principe que Jean Calas fut condamné à la roue.

§ XXIII.

Idée de quelque réforme.

La magistrature est si respectable, que le seul pays de la terre où elle est vénale, fait des vœux pour être délivré de cet usage. On souhaite que le jurisconsulte puisse parvenir par son mérite à rendre la justice qu'il a défendue par ses veilles, par sa voix, par ses écrits. Peut-être alors on verrait naître par d'heureux travaux une jurisprudence régulière & uniforme.

Jugera-t-on toujours différemment la même cause en province & dans la capitale? Faut il que le même homme ait raison en Bretagne & tort en Languedoc? Que dis-je? il y a autant de jurisprudences que de villes. Et dans le même

Parlement la maxime d'une chambre n'est pas celle de la chambre voisine. (*)

Quelle prodigieuse contrariété entre les loix du même Royaume! A Paris un homme qui a été domicilié dans la ville un an & un jour, est réputé Bourgeois. En Franche-Comté un homme libre qui a demeuré un an & un jour dans une maison main-mortable devient esclave; ses collatéraux n'hériteraient pas de ce qu'il aurait acquis ailleurs; & ses propres enfans sont réduits à la mendicité, s'ils ont passé un an loin de la maison où le père est mort. La province est nommée franche, mais quelle franchise!

Quand on veut poser les limites entre l'autorité civile & les usages ecclésiastiques, quelles disputes interminables! où sont ces limites? qui conciliera les éternelles contradictions du fisc & de la jurisprudence? Enfin pourquoi dans certains pays les arrêts ne sont-ils jamais motivés? Y-a-til quelque honte à rendre raison de son jugement? Pourquoi ceux qui jugent au nom du Souverain ne présentent-ils pas au Souverain leurs arrêts de mort avant qu'on les exécute?

De quelque côté qu'on jette les yeux, on trouve la contrariété, la dureté, l'in-

(*) Voyez sur cela le Président Bouhier.

certitude, l'arbitraire. Nous cherchons dans ce siècle à tout perfectionner, cherchons donc à perfectionner les loix dont nos vies & nos fortunes dépendent.

F I N.

www.ingramcontent.com/pod-product-compliance
Lightning Source LLC
LaVergne TN
LVHW051506090426
835512LV00010B/2375